ISBN 978-0-428-73312-4
PIBN 11305547

CONVENTION NATIONALE.

RAPPORT

FAIT

A LA CONVENTION NATIONALE,

AU NOM DU COMITÉ DES PÉTITIONS ET DE CORRESPONDANCE;

PAR le Citoyen YVES AUDREIN,

Député du Morbihan,

Le 8 Juin 1793, l'an deuxième de la République ;
IMPRIMÉ PAR ORDRE DE LA CONVENTION NATIONALE.

CITOYENS-REPRÉSENTANS,

J'AVOIS raison de dire dans mon dernier rapport que la trahison de l'infâme Dumouriez étoit un crime heureux pour la France. Depuis cette fameuse époque, malgré toute la rage des tyrans & tous les efforts de l'aristocratie, c'est à qui prouvera avec le plus d'ardeur son dévouement à la liberté ; le patriotisme, loin de se ralentir parmi nous, semble s'alimenter de nos divisions mêmes & prendre au milieu de nos crises politiques un caractère imposant, une consistance d'énergie, qu'il ne sera plus au pouvoir des événemens de détruire.

Telle est la consolante vérité que vont mettre au grand jour les différentes adresses que nous allons parcourir.

A

Apprendre l'indigne conduite du traître Lamouriez, s'électriser, s'enflammer, voler au pied de l'arbre de la liberté pour y vouer de nouveau une haine éternelle aux despotes, aux traîtres, à tous les ennemis de la liberté & de l'égalité ; c'est un seul inftant, c'est un même tranfport pour la Société populaire féante à Rodès, pour tous les citoyens & toutes les citoyennes préfens à la féance ; & vos commiffaires ont la gloire de concourir aux mouvémens fublimes qui déterminent cette touchante cérémonie.

Même fpectacle d'attendiffement civique, donné aux amis du répu-blicamifme par le Confeil municipal de Limoge entourés de tous fes concitoyens, des autorités conftituées, du huitième bataillon de l'Aude, des dragons du dix-huitième régiment de la garde nationale & de la fociété populaire.

« Le traître Dumouriez, s'écrie la divifion du Bas-Rhin, dans
» fon enthoufiafme militaire que parragent vivement les citoyens de
» Lauterbourg ; le traître Dumouriez, par fes éloges perfides aux
» ci-devant troupes de ligne, & fes propos infâmes contre les vo-
» lontaires nationaux, vouloit les faire s'entr'égorger. Nous avons
» apperçu le but de fa conduite abominable ; nous nous fommes
» réunis tous, & nous avons juré de punir quiconque, pour ren-
» verfer la liberté & l'égalité, entreprendroit de femer des divifions
» parmi nous.

» Les foldats républicains, vous écrit le premier bataillon du
» Jura, ne reffemblent point aux fatellites des defpotes que la
» trahifon décourage ; tranquilles au fort de la tempête, nous
» avons vu d'un œil fec & intrépide les contre-révolutionnaires de
» l'intérieur promener le fer & la flamme dans les départemens,
» l'infâme Dumouriez livrer nos frères abufés au poignard des
» Autrichiens ; à l'afpect des barbares, nos ames fpartiates, forte-
» ment imprégnées de la haine des rois, n'ont éprouvé d'autre
» fentiment que celui de la vengeance ; rien au monde n'eft capable

» de nous faire oublier le serment de fidélité que tous avons prêté
» à la République, à la liberté & à l'égalité. Soyez en sûts, Pères
» conscrits, nos bras nerveux seront éternellement consacrés à la
» défense des droits de l'homme ». Voilà, je crois, du vrai sublime.

Abandonnons un traître pour parler d'un despote, ou plutôt
rapprochons-les tous deux, l'impuissance de la tyrannie n'en paroîtra
qu'avec plus d'éclat. . ... « Le mardi 23 avril, jour à jamais mé-
« morable dans l'histoire de notre ville, vous écrit la Société ré-
» publicaine de Caraman; le tocsin & la générale nous éveillent
» au milieu de la nuit, les citoyens se rendent en foule au lieu in-
» diqué par leurs magistrats; un commissaire du district leur fait
» part de l'invasion des Espagnols sur le territoire de la Répu-
» bique: Citoyens, leur dit le maire, que ceux d'entre vous qui
» veulent se vouer à la défense de la frontière attaquée, se pro-
» noncent. Tous! voilà leur réponse. Bientôt après ces braves gens
» se disputent l'honneur de s'inscrire les premiers. Un général de
» brigade, Sanchely, courbé sous le poids des infirmités & de 44 ans
» de service, semble se rajeunir. *Vous ne m'envierez pas*, leur dit-il,
» *l'honneur de marcher à votre tête & de vous montrer le chemin de*
» *la gloire. Amis! le peu de sang qui me reste, je le verserai pour mon*
» *pays.* . . . . Ce dévouement généreux électrisa tous les cœurs;
» l'artisan quitte son atelier, le père de famille ce qu'il a de plus
» cher . . . . . dans trois heures de temps, plus de cinquante guer-
» riers sont approvisionnés de tout ce qui leur est nécessaire; im-
» mobiles dans leur rang, ils prêtent le serment de vaincre ou de
» périr, & ils partent. Législateurs! depuis ce moment l'aristo-
» cratie & le fanatisme sont aux abois; le génie de la liberté s'est
» emparé de toutes les ames; nous avons juré une haine éternelle
» à la maison d'Autriche; nous porterons nos enfans sur l'autel
» de la patrie, & nous prêterons pour eux le même serment. Pé-
» risse à jamais la mémoire de Dumouriez, de ce traître exécrable
» qui voulut livrer son pays à l'infâme Cobourg »! Espérons

qu'une pareille énergie guérira les Espagnols de l'envie de profaner la terre de la liberté.

A l'appui de cette pensée vient une foule de traits civiques, dignes de toute admiration. Dans l'espace d'un seul jour, les Sans-culottes de la petite ville de Scheleftat, département du Bas-Rhin, fournissent un contingent de 309 hommes, non compris les dons patriotiques, dont il sera parlé ci-après.

La Société populaire de la commune d'Estang, diftrict de Nogaro, invite les communes environnantes à coopérer à son civisme ; & le bon peuple lui-même oublie son extrême pauvreté ; à défaut de fortune, il offre avec joie, les uns quelques picotins de froment ; d'autres quelques paniers d'épis de milloc, des écheveaux de linet, des œufs, &c. . . . . . . Combien ces dons, si misérables aux yeux de l'aristocratie, paroissent importans, pesés dans la balance du républicanisme !

C'est avec un égal empressement que le diftrict de Pithiviers, la commune de Coulange, celle de Ruffec, la Société républicaine de la ville de Lorgne, fournissent leur contingent & toujours au-delà. *Rien ne prouve mieux, combien la haine des tyrans & de la tyrannie devient la passion dominante de la France*, que le zèle généreux qu'ont déployé à la nouvelle de la trahison de Dumouriez, la Société des amis de la liberté & de l'égalité de Pau, celle d'Aubignan, celle de la Chambre, celle de Barjols, celle de Vaudemont, celle des Sables d'Olonne, le diftrict de Quillau, les six sections de la ville d'Aix, le comité de défense générale de Calais, la commune de Stenay, les citoyens de Bergerac, la garde nationale de Cahors, la première compagnie du premier bataillon de Seine & Marne, qui brûle d'effacer la tache imprimée sur le lieu de leur naissance (Coulomiers), par leurs indignes magistrats en refusant d'adhérer au décret rendu contre le tyran Capet. La municipalité de Suzette, qui vous dit, avec ce ton qui caractérise si bien la candeur : *Nous ne sommes que des laboureurs, de pauvres* campagnarts, qui ne connoiſſons que Dieu, la Convention & la terre; c'eſt-là toute notre ſcience, & de laquelle nous ſommes redevables au citoyen Maffren, notre curé; le citoyen Monarque, capitaine de la troiſième compagnie du quatrième bataillon de volontaires de l'Ain, qui, en haine de la royauté, vous prie de changer ſon nom en celui de liberté; le citoyen Pernet, le citoyen Dumeſtre.

Le feu civique embraſe le département du Gar tout entier; diſtricts d'Uſez, de Saint-Hyppolite, municipalité de la Salle, de Calviſſon, de Beaucaire, tous ſemblent travailler à épuiſer notre ſenſibilité. . . . . . Mes trois aînés, s'écrie un père de famille, ſont au ſervice de la patrie; le quatrième vient de s'inſcrire; mais il a plus conſulté ſon zele que ſes forces; je demande à marcher pour lui; il me remplacera quand il ſera en âge. . . . .

Le patriotiſme ſe reproduit ſous mille formes différentes, & toujours avec un égal intérêt. Ici la commune d'Abrecheviller, diſtrict de Sarbourg, paie ſon tribut à la mémoire de Lepelletier. La Société populaire de Baſtia mêle auſſi ſon hommage religieux aux honneurs funèbres rendus à ce martyr de la liberté.

Le citoyen Pinel, préſident de la Société populaire de St.-Paul, exprime les mêmes ſentimens, & ajoute un hommage bien attendriſſant pour nos collègues détenus dans les priſons des deſpotes.

Là, la Société populaire de Seilhac s'écrie : Là nature entière eſt en deuil toutes les fois qu'un peuple ſe donne un roi. Le genre humain doit applaudir lorſqu'un de ſes tyrans eſt précipité du haut de ſon trône.

La Société de Saint-Gautier ſe réunit à celle de Dijon, touchant les meſures à prendre pour le ſuccès de nos armes.

Celle de la Salle diſculpe la Société des républicains français de Nîmes de toutes les calomnies dont on l'a chargée.

Celle de Moulins réconcilie le citoyen Vernet, adminiſtrateur du département de l'Allier, avec ſes collègues.

L'Assemblée centrale, des Députés de différentes Sociétés patriotiques établies à Nîmes, fait éclater son zèle pour la réunion des Sociétés populaires & républicaines de cette ville.

La Société populaire d'Avranches réclame, pour le courageux bataillon de la Manche, une mention honorable, qu'il saura bien mettre à profit pour le salut commun; elle demande encore, pour les familles des braves volontaires qui ont péri dans l'affaire du 11 Mars, la consolation de voir inscrit dans votre bulletin quelque témoignage de votre sensibilité. . . . . C'est sans doute pour de semblables motifs, Représentans, que vous avez voulu donner à ce journal une destination plus sûre & une publicité plus générale.

Les Lillois vous répondent de payer l'encouragement que vous leur donnez en venant au secours de leurs malheureux frères.

Le directoire du département des Alpes maritimes vous font savoir que dans la nouvelle carrière qu'ils parcourent, ils ont eu toutes les passions à combattre; mais qu'ils ont opposé à l'ignorance les maximes de la philosophie, à la superstition le flambleau de la raison, à l'aristocratie les douceurs de l'égalité; fermes & inébranlables dans cette lutte des principes contre les préjugés, ils mourront, s'il le faut, sur la brèche.

Les administrateurs & procureur-syndic du district de Gray, département de la Haute-Saône, demandent une mention honorable dans le bulletin pour le patriotisme du citoyen Mongnard, curé de la paroisse de Joign.

La sagesse & la justice distinguent également l'arrêté du conseil du département de la Haute Garonne, relativement aux individus détenus dans les maisons d'arrêt de la ville de Toulouse.

Les Députés des Hautes-Alpes à la Convention nationale, prémunissent contre la séduction les volontaires du deuxième bataillon de ce département à Maubeuge; ils invitent leurs braves compatriotes à leur procurer la douce satisfaction d'apprendre de leur part à à Convention la preuve de leur courage & la pureté de leurs intentions.

Jaraffé, fous lieutenant au deuxième bataillon de la Vienne, rappelle à la Convention les prodiges de valeur de fes braves frères d'armes à la tranchée de Maftreicht, & à la journée du premier mai; il demande fur-tout, une fouvenir honorable pour la mémoire de Segrei, capitaine, dont les dernières paroles furent : *Je meurs heureux, mes camarades; je verfe mon fang avec plaifir, puifque c'eft en défendant ma patrie & ma liberté.*

Le citoyen Lejeune, déja connu par plufieurs ouvrages patriotiques, fait hommage à la Convention d'une nouvelle adreffe aux campagnes de fon canton.

Le citoyen Mondet, membre de la Société populaire de Gap, prend dans l'hiftoire même de la religion fes principes pour prouver à fes concitoyens combien eft jufte, & doit être heureufe, notre révolution.

Le citoyen Fouillière, procureur de la commune de Thiviers, entreprend, dans un difcours vraiment civique, de réconcilier fes concitoyens depuis trop long-temps divifés.

Le citoyen Roidebirac, diftrict de Marmande, défefpéré, d'éprouver une réforme trop contraire à fa bravoure, va trouver le commiffaire, & lui dit : «Citoyen, voilà tout l'argent que je poffède : il eft à toi, fi tu m'obtiens une place parmi les défenfeurs de la république»! Le citoyen Roi a défavoué fon nom, & pris celui de George, républicain.

Citoyens-repréfentans, vous venez de voir comment la patrie, & la patrie toute entière, fe travaille dans fon zèle fublime, & s'épuife en généreux efforts pour affurer fon indépendance, & confondre à jamais les ennemis de l'égalité. Écoutez maintenant fa voix; c'eft à vous déformais qu'elle s'adreffe; fes plaintes font d'autant plus amères, que fa confiance en vous eft plus grande; fi elle attendoit moins de vos talens, elle ne fe plaindroit pas à vous. Entendez le cri de sa douleur ; entendre avec courage ses torts, c'est montrer qu'on se sent assez de ressource pour les réparer.

Sous une allégorie ingénieuse, la commune de Tulle fait entendre des vérités frappantes, & provoque avec énergie le sacrifice de vos passions mutuelles.

Tels sont les sentimens, tels sont les vœux qu'expriment de différentes manières, mais qui, toutes respirent le plus pur patriotisme, & le respect le mieux prononcé pour la représentation nationale, les Sociétés populaires & républicaines de Sens, de Saint-Calais, de Saint-Quintin, de Tarascon, de Scheleftat, de Miremont, de Saint-Claude, de Moyaux, district de Lisieux ; de Vic-su-Allier, de Leurre, de Mâcon, de Moyrax, de Bagnols, d'Angoulême, de Fémur, de Laon, de Langon, de Coûtances, d'Is-sur-Tille, de Paulhagues, de Roquevaire ; d'Alais, de Marennes, de Niort, de Seez, de Blois, de Tours, de Melun, de Saint-Ambroix, de Saint-Quentin, d'Autiol, de Saint-Lizier, de Juffey, de Castelnau ; d'Auzuii, de Vienne.

La fin de vos débats tumultueux, la réunion de toutes vos forces, de tous vos talens pour le salut commun, voilà l'objet que se proposent, dans leurs adresses toutes brûlantes de civisme, le Conseil-général de Châlons, les Administrateurs du département des Hautes-Pyrénées, ceux de la Côte d'Or, y compris les districts ; les Corps constitués de Louhans, les Administrateurs du district de Hazebrouk, les Officiers municipaux de Seez, ceux de Saint-Benigne-des-Champs, le Conseil-général de la commune de Saint-Maixent ; celle de Vauvert, les citoyens de Millau, d'Agen, de Louhans, de Bézier, de Castillon, le Saint-Jean-du-Gard, de Montban, les huit sections de Besançon, les habitans de Josselin, département du Morbihan, qui répondent des sentimens de Lehardy, parce qu'ils connoissent sa vie privée & sa conduite politique ; les Officiers composant les états-majors, Officiers & Commissaires de la

garde nationale foiffonnoife ; le citoyen Redon, ci-dvant commif-
faire, le citoyen Duclerc, le citoyen le Franc de Paris, le citoyen
Forgeot, le citoyen François, le citoyen Sauvageot, le citoyen
Trigant, le citoyen Savot, le citoyen Bernardet, Jean-François
Hervieu, Gautier fils, le républicain Cauffade, le citoyen Morin
de Lifieux.

Que ne puis-je vous peindre tout ce qui fe paffe de fublime dans
l'ame des Français ! vous verriez s'affliger l'aimable fexe lui-même
en apprenant vos diffentions, trembler pour tout ce qu'il a de plus
cher, & vous accufer de fes craintes ; vous entendriez la républicaine Bonnard-Terraud vouant à l'anathême les rois & leurs fuppôts,
tous les traîtres à leur pays ; vous les verriez, ces amantes de la
patrie, la Société républicaine de Bordeaux, apprenant à leurs enfans
à méprifer la vie quand le falut public la demande, béniffant
d'avance leur trépas dans l'efpoir qu'ils entraîneroient tous les tyrans
dans leur tombe. Lorfque les mères de famille favent fi bien fe
réunir pour la caufe commune, fans doute elles ont le droit
d'exiger que les repréfentans du peuple ne foient point divifés.

Repréfentans ! c'eft au milieu des factions qui agitoient les Athé-
niens, vous rappelle la Société républicaine de Salins, que Philippe
parvint à réduire à la condition d'efclaves les vainqueurs de Mara-
thon ; la liberté romaine trouva fon tombeau dans les diffentions
de ce même Sénat, qui avoit été fon plus ferme appui. Les que-
relles des presbytériens & des indépendans frayèrent à Cromwel le
chemin du trône ; & vous n'ignorez pas quel fut le fort des patriotes
qui, comme vous, eurent le courage de porter fur l'échafaud la
tête du tyran.

Prenez le tableau de l'infortunée Pologne, (la Société des amis
de la liberté & de l'égalité de Vannes vous en conjure) ; prenez
le tableau de l'infortunée Pologne, & voyez le deftin de ces abo-
minables fcélérats qui, par la plus noire trahifon, ont plongé leur
patrie dans les maux affreux qui la déchirent. Revenez fur vos pas,

confiderez l'abîme où vous nous entraîneriez avec vous ; effrayés de tant de malheurs, réuniffez-vous pour ne plus vous féparer ; concourez de tout votre pouvoir à nôtre falut & au vôtre ; & que l'étranger en rentrant dans fes foyers, (c'eft le vœu patrio- tique d'Audouin, lieutenant au fixième régiment d'infanterie en garnifon à Metz) que l'étranger ne puiffe plus dire : *La difcorde règne au fein de la Convention nationale de France.*

Citoyens-légiflateurs, pour remplir tout le devoir de votre co- mité de correfpondance envers la République & envers vous, je dois vous le dire : Dans l'immenfe collection des volontés natio- nales que je lis, je vous le jure, avec la plus fcrupuleufe exacti- tude, & la plus parfaite impartialité, le vœu général, fortement exprimé, c'eft de repouffer avec horreur toute efpèce de fciffion, toute efpèce de dénominations odieufes parmi vous. Chez un peuple libre, l'individu n'appartient qu'à lui-même ; de toutes parts on vous crie, par mon organe : plus de côté droit, plus de côté gauche dans le temple des lois. Un feul lieu doit attirer & fixer toutes les vénérations ; l'autel facré de la patrie !

Il eft temps de repofer vos penfées fur des objets moins fâcheux... Écoutez tout ce qu'attend de vous le Peuple français pour fa régé- nération ; l'attendre de vous, c'eft dire qu'il vous en juge capables.

Oui, ce même peuple qui vous fait entendre la voix de fes plaintes, fait auffi mettre un grand prix aux talens qui vous dif- tinguent, au zèle qui vous anime ; fûr de fon bonheur, pourvu que vous fouliez aux pieds les paffions qui vous agitent, il aime à voir en vous des hommes dignes de fa confiance, des manda- taires toujours prêts à fe facrifier pour la chofe publique ; dans cette flatteufe idée, il fe rallie autour de vous, il fe jette dans vos bras, il vous appelle fes pères ; & c'eft de vous encore qu'il attend fon falut. *Oh ! mes chers collègues, il fera doux pour vous de remplir enfin fon attente, l'attente de ce bon peuple qui fit tant pour la liberté, & qui mérite fi bien d'être libre !*

Plus l'anarchie l'a rendu malheureux, plus il fent le befoin d'une Conftitution fondée fur la juftice; d'un gouvernement énergique qui faffe refpecter les perfonnes & les propriétés; c'eft dans ce bienfait ineftimable qu'il voit le terme de tous fes maux & le commencement du bonheur; la gloire de la patrie & la paix de l'europe, le règne de la liberté; la perte du defpotifme . . . . ; tels font les fentimens qu'expriment dans leurs adreffes, le Confeil de Mâcon, les Officiers municipaux de Blanzac, le Tribunal du département du Tarn, la Société républicaine de Limoges, celle de Gontaud, celle de Fécamp, les Citoyens fans-culotte d'Anton, le citoyen Maffabian, Louis Roland jeune, volontaire de Rennes.

Jetez d'une main hardie, vous difent les deux Confeils de Confolens, les bafes de la colonne républicaine; qu'elle devienne un point de ralliement pour tous les Français; nous lui ferons un rempart de nos corps; nous périrons, s'il le faut, pour empêcher qu'elle ne foit renverfée.

Donnez nous une Conftitution, vous difent les habitans de la commune d'Angers; c'eft cette arme terrible qui tuera nos ennemis. Nous déclarons traîtres à la patrie tous ceux qui s'oppoferoient à la difcuffion de ce grand œuvre qui doit faire notre bonheur.

La République une & indivifible: c'eft le vœu prononcé dans tous les points de l'Empire; c'eft le grand motif de confiance qui foutient les départemens; c'eft l'ame du courage, c'eft la vie de notre zèle.

CITOYENS-REPRÉSENTANS,

Hâtez-vous donc: ah! tous les vrais patriotes, tous les bons François vous en conjurent; hâtez-vous: chaque inftant que vous perdez, vaut un triomphe à nos ennemis: que cette penfée en impofe à l'orgueil, qu'elle écrafe toute paffion; périffe jufqu'à l'idée de vos divifions! Lorfqu'il s'agit de fonder l'unité républicaine, tout ce qui n'eft pas un eft un crime, un attentat contre la patrie. Reprenez donc, il en eft encore temps, reprenez pour ne la plus jamais quitter, cette fière attitude qui vous rendit quelques inftans l'admiration du monde ; intimement perfuadés, profondément convaincus que vous n'êtes revêtus de l'auguſte caractère de repréfentans du peuple que pour le rendre heureux, ne foyez occupés que de fes grands intérêts, ne vivez que pour lui : cachez à la poftérité de malheureux débats dont elle rougiroit pour vous, & ne confiez à fa garde que votre gloire fans mélange, & le bonheur des Français.

———

Les écoliers de grammaire du collège d'Arles, offrent pour les frais de la guerre huit petites croix d'argent, décorations des premiers écoliers de grammaire, en attendant qu'ils puiffent faire de plus grands facrifices pour la défenfe de la patrie.

Le citoyen Nicolas, ancien infpecteur en chef des travaux publics du ci-devant diocèfe de Caftres, département du Tarn, fait don à la Nation, tant que la guerre durera, de la penfion de trois cent livres qu'il en recevoit pour prix de fes fervices.

Le citoyen Germain Monchanin, âgé de feize ans & demi, de la commune de Touquin, diftrict de Rozay, département de Seine-&-Marne, fait don à la Nation, pour les défenfeurs de la République, de fon habit, vefte & culotte d'uniforme, d'une pièce de 15 fols, & d'un affignat de 5 liv.

Les citoyens, membres de la Société républicaine de Provins, annoncent qu'ils ont fait un don patriotique confiftant en fouliers & habits uniformes, lequel a été dépofé à l'hôtel commun de la municipalité.

.- La commune de Cournai a donné quarante paires de fouliers pour les défenfeurs de la patrie.

La Société des Sans-culottes de Trévoux, a fait une collecte dont elle a employé une partie à faire paffer à un bataillon de fes volontaires quarante chemifes faites par les mains de fes concitoyennes, & elle va employer le refte à leur faire paffer des fouliers.

Le citoyen Quellain, greffier du tribunal criminel du Haut-Rhin, prie la Convention nationale de renvoyer la foumiffion qu'il fait de payer une fomme de 150 liv. par an pendant la durée de la guerre, entre les mains de fa municipalité, à laquelle il vient de remettre le quart de cette fomme.

Le citoyen Macé, juge du tribunal près le diftrict d'Angers, a dépofé au Confeil-général du département de Maine-&-Loire, la fomme de fix cent quarante-huit livres; favoir, cinq cent vingt-huit livres en or, & cent vingt livres en écus de fix livres pour être échangée avec pareille fomme en affignats, & le numéraire employé pour les défenfes de la guerre.

La Société populaire de Morlaix, annonce à la Convention nationale qu'elle a adreffé à la municipalité de Lille deux ballots d'effets; qu'elle deftine à fes frères du deuxième bataillon du Finiftère & de la compagnie franche de Morlaix, lefquels contiennent 275 chemifes, 128 paires de bas; 100 paires de guêtres, 27 paires de fouliers, quatre chapeaux, cinq habits uniformes, un viel habit de velours, un vieux pantalon, deux capottes; deux culottes, quatre veftes, trois gillets, deux cols, deux bonnets rouges, un fabre, & une paire de guêtres blanches.

.Le citoyen Razout d'Avallon, a adreffé à l'adminiftration

du département de l'Yonne douze paires de souliers, six chemises & douze paires de guêtres, qu'il destine à l'armée d'Italie.

Les membres composant la Société populaire de la commune
d'Estang, ainsi que les communes voisines, réunies à elle, ont
ouvert une souscription en numéraire en faveur de nos frères
d'armes les plus nécessiteux, laquelle a produit la quantité de
cinquante-deux paires de souliers, & soixante-treize chemises,
que ladite Société dit avoir été remises à la municipalité d'Estang,
& que celle-ci fera remettre au district de Nogaro, département
du Gers.

Le citoyen Loison, curé de la Marche, district de la Charité,
annonce qu'il a reçu de la part de la commune de son endroit la
somme de cent quarante-une livres un sol, à titre d'offrande en
faveur des familles dont les parens couvrent les frontières, & qu'il
a dit avoir remise au receveur à ce destiné.

Les officiers composant les états-majors, officiers & commissaires
de la garde nationale soissonnoise, annoncent que ladite garde
nationale vient d'envoyer pour les frais de la guerre, aux citoyens
composant le premier bataillon de l'Aisne, la quantité de trois
chapeaux, trente-cinq paires de bas, deux havre-sacs, deux habits
uniformes, une culote, trois vestes, une paire de botte, cent dix
paires de souliers, cent seize paires de guêtres, & cent trente-sept
chemises.

Le Conseil-général de la commune de Gournai, département
de la Seine-Inférieure, annoncent que ladite commune a distribué,
à titre d'offrande, aux volontaires du contingent de leur district,
la quantité de quarante-une paires de souliers.

Les Citoyens Sans-culottes de Scheleftatt, département du

Bas - Rhin, font don à la patrie de la somme de 8,093 liv. 15 f.
en affignats, 339 liv. 12 f. en efpèces, avec 391 chemifes, 231
paires de bas, 130 culottes, 209 mouchoirs, 51 cols & 111
bonnets.

Les citoyens membres compofant la Société républicaine de la
ville de Lorgne, offrent à la patrie la quantité de 60 paires de
fouliers.

La Société républicaine de Vandemont, diftrict de Vézelife,
département de la Meurthe, annonce qu'elle a ouvert dans fon fein
une foufcription, qui a produit 130 liv, & qu'avec cette fomme
elle a fait faire fept paires de fouliers, & fept paires de bas de
coton, qui viennent d'être envoyés à nos frères des quatrième &
feptième bataillons du département de la Meurthe, avec 10 liv. en
affignats.

Les citoyens membres compofant le Confeil-général de la commune d'Arbrecheviller, département de la Meurthe, rappellent au
fouvenir de la Convention nationale les actes de civifme & de
patriotifme qu'ils ont exercés en faveur de nos frères d'armes,
pour lors dans un dénuement extrême, en levant dans leur fein
une contribution volontaire en leur faveur ; qui a produit en peu
de temps trois capottes, un habit complet uniforme, dix chemifes,
dix huit paires de bas, quatre paires de fouliers, & une fomme
d'argent.

Les citoyens du canton de Saint-Paül donnent avis qu'ils ont
en réferve plus de fept cent livres, remifes au dépôt de leur diftrict,
& d'autres effets en nature deftinés à l'équipement militaire de leurs
frères d'armes.

Le Confeil-général de la commune de Marans, réuni en per-
manence, annonce que ladite commune a fait une foufcription

volontaire de la fomme de 8,000 liv., dont la plus grande partie de cette fomme a fervi à habiller de pied en cap nos braves défenfeurs de la patrie, & le furplus a été diftribué ; favoir, la fomme de 100 liv. à chacun d'eux.

Les citoyens adminiftrateurs du diftrict de Gray, département de la Haute-Saone, annoncent que le citoyen Moñgnard, prêtre-curé de la paroiffe de Jomg, vient de leur adreffer, à titre d'offrande, pour les frais de la guerre, une fomme de foixante-douze livres en numéraire.

Les républicains d'Angoulême, annoncent qu'ils ont remis en don patriotique, à leur département, la quantité de 198 paires de fouliers, 184 paires de guêtres, 27 paires de bas & 8 chemifes.

Dons patriotiques faits à la Convention nationale, depuis & compris le 12 mai, jusqu'au 31 inclusivement.

LES CITOYENS,

Crequy-Montmorency.............	50 liv.	
Guyton-Morveau, député..........	1,200	
Bonfin, commis à la Convention.....	50	
Les Chasseurs-bons-tireurs de l'Oise....	161	
Martin, député................	1,098	
Lecoq, curé de Vezelay...........	25	
Le bataillon des Grenadiers des Hautes-Alpes	358	7 f.
Colombet	100	
Leblanc-Neuilly...............	50	
Un membre de la Société populaire de Champlite	100	
La commune de Liancourt..........	554	
Jacques-Germain Pillé...........	50	
Bordier de Neuville, en numéraire.....	108	
Berlier, député, au nom d'un Dijonnais.	150	
Alexis Masson	11	
Un fournisseur de l'armée..........	5,200	
La Société des Sables............	82	10
Le Conseil de la commune de Quincy...	50	
Jean-Ulric Geilinger	300	
Les citoyens des onze sections d'Orléans, en numéraire 2,694 liv, le reste en assignats......................	154,648	
Le citoyen Bachelvriey...........	100	
Le septième bataillon de Rouen, 121 l. 4 f. en numéraire, le reste en assignats.	364	4

Dancourt, lieutenant-colonel au dixième
  régiment d'Huffards, en numéraire · ·   597 liv. 2 f.

La deuxième divifion du département de
  la Côte-d'Or · · · · · · · · · · · · · · · · · ·   234   5

Liotard, de Montpaffier · · · · · · · · · · ·   600

Louis Ducray · · · · · · · · · · · · · · · · · · ·   20

Les adminiftrateurs de la maifon d'avance,
  ventes publiques, &c · · · · · · · · · · · · ·   200

Les citoyens de Saint-Pierre-ès-Champs · ·   8

Les citoyens Jayme · · · · · · · · · · · · · · · ·   25

Prud'homme ·   20

Jofeph Mermes · · · · · · · · · · · · · · · · · ·   260   3   2 d.

Decker ·   400

Lemière, chef du deuxième bataillon du
  treizième régiment d'infanterie · · · · · · ·   100

La commune de Banaffac · · · · · · · · · · ·   476

Bruflon, volontaire (1) · · · · · · · · · · · · ·   10

Florence ·   100

Jofeph Martin · · · · · · · · · · · · · · · · · · ·   50

Paul Courtès ·   100

Total · · · · 168,070 liv. 11 f. 2 d.

Les citoyens Couturier, Lambin, Mou-
  cheron, Palaffon, Merle, Lamathe-
  d'Ars, Delaunay, Rouffeau, Lemière,
  Alberty, Bocel, Bonmart, Bajol, Bel-
  forière-Soyecourt, Beaudeau, Cour-

---

(1) Le journal des débats, n°. 254, page 417, a annoncé un don patriotique d'une fomme de 2,100 liv. fait le 29 mai à la Convention par le troi-
fième bataillon du Doubs ; le fait eft faux.

ont donné chacun une décoration militaire, en tout 27, à raison de 32 l.
l'une, fait ··················   864 liv.

Le citoyen Saulieu-la-Chaumonerie, a
donné deux décoration à 32 l., l'une··   64
                                              ————

                 Total·········   928

Les étudians du collège de Sens, ont
donné 6 petites croix pefant 3 onçes.

Alexis Maffon, une agraffe d'argent &
deux pièces d'argent étrangères.

La commune de Saint-Jean-de-Lozères,
12 couverts d'argent, pefant 7 mars
2 onces un gros & demi.

Le citoyen Clemendot, une épée à garde
d'argent, pefant un marc, un gros &
demi.

Gautier, une petite bague d'or.

Belcaftel, une chaîne de montre en or,
pefant une once un gros; la monture
d'une épée en argent, pefant 7 onces;
une épaulette & une contre-épaulette.

Soumissions.

La compagnie des Chasseurs - bons - ti-
reurs de l'Oise , promet 161 liv. par
mois, ce qui fait par an 1,932 liv....   1,932 liv.

Le citoyen Lecoq, promet par an......   100

Abandons.

Les citoyens Arbey, Félix Tavernier &
Étienne Tavernier , abandonnent....   440

Louis Ducray , abandonne...........   60

Total..................   2,532 liv.

RÉCAPITULATION.

Assignats & numéraire.............. 168,070 liv. 11 s. 2 d.

Décorations militaires.............   928

Soumissions & abandons............   2,532

Total............. 171,530 liv. 11 s. 2 d.

Certifié conforme aux bordereaux , visés & signés par les citoyens
députés , secrétaires de la Convention, Paris , le 31 mai 1793 ,
l'an deuxième de la République française.

Signé, DUCROISI, *Receveur des dons patriotiques.*

DE L'IMPRIMERIE NATIONALE,

CPSIA information can be obtained
at www.ICGtesting.com
Printed in the USA
BVHW040727310119
538843BV00016B/407/P